Les Italiens à Délos

Claire HASENOHR

ÉCOLE FRANÇAISE D'ATHÈNES
ΓΑΛΛΙΚΗ ΣΧΟΛΗ ΑΘΗΝΩΝ

Note de l'auteur

Les numéros cerclés de rouge (1) renvoient aux plans des rabats de couverture. Sur le deuxième rabat, les pointillés rouges représentent l'itinéraire proposé à partir de la p. 29. Abréviations : *ID* = P. Roussel, M. Launay, *Inscriptions de Délos* (1937) ; *SEG* = *Supplementum Epigraphicum Graecum* ; *EAD* = *Exploration archéologique de Délos* ; *BCH* = *Bulletin de correspondance hellénique*.

Repères chronologiques

314-167 : Délos est une cité indépendante, siège d'un sanctuaire international d'Apollon et d'un port de commerce régional.

172-168 : 3ᵉ guerre de Macédoine : victoire de Rome contre Persée, roi de Macédoine.

167 : le Sénat romain livre Délos à Athènes, qui chasse les Déliens de l'île et y installe une clérouquie.

avant 149/8 : fondation de l'association des Poséidoniastes de Bérytos à Délos.

146 : victoire de Rome contre la ligue achéenne et destruction de Corinthe.

133 : Attale III lègue le royaume de Pergame à Rome.

129 : le royaume de Pergame devient la province romaine d'Asie.

vers 130-120 : les Italiens s'installent en grand nombre à Délos. Fondation de l'association des *Italici* ?

avant 125 : travaux de l'épimélète de l'île Théophrastos autour du port de Délos et sur l'agora qui porte son nom.

90-88 : guerre sociale entre Rome et les cités d'Italie, dont les habitants acquièrent la citoyenneté romaine.

88-84 : 1ʳᵉ guerre mithridatique entre Rome et Mithridate VI, roi du Pont.

88 : Mithridate VI pille Délos et massacre ses habitants.

75-63 : 3ᵉ guerre mithridatique entre Rome et Mithridate VI, roi du Pont.

69 : Athénodôros, pirate à la solde de Mithridate, saccage Délos. Le légat romain Caius Triarius y fait ériger un rempart.

67 : guerre de Pompée contre les pirates.

Introduction

Au cours du IIe s. et jusqu'au début du Ier s. av. J.-C., l'île de Délos, siège du plus grand port de transit de Méditerranée orientale, accueille de nombreux commerçants italiens qui prospèrent durant une cinquantaine d'années au sein de la population cosmopolite. Grâce aux multiples édifices, statues, peintures et inscriptions* mis au jour depuis 1873 par l'École française d'Athènes, il est possible de retracer à grands traits la vie de cette communauté aussi variée qu'influente. Tout commence en 167 av. J.-C. dans le cadre de la conquête romaine de la Méditerranée orientale. Alors que le royaume de Macédoine vient d'être vaincu, le Sénat romain récompense son alliée Athènes en lui livrant Délos, petite cité prospère grâce à son sanctuaire* renommé et son port de commerce régional. Les Déliens sont chassés de l'île et celle-ci est désormais habitée et administrée par les Athéniens. En outre, afin de ruiner son adversaire Rhodes, qui drainait jusqu'alors l'essentiel du commerce international, Rome fait de Délos un port franc, où les navires marchands sont exemptés de taxes à l'importation et l'exportation. En quelques dizaines d'années, tandis que Rome poursuit son avancée dans le monde grec, Délos devient le centre des échanges entre Orient et Occident : la destruction de Corinthe en 146 puis la création de la province d'Asie en 129 av. J.-C. en font un lieu de passage obligé pour les négociants et, dans une mer infestée de pirates, son inviolabilité est un atout supplémentaire, puisqu'il est interdit de naître et de mourir dans cette île tout entière vouée à Apollon.

Dans ce contexte très favorable, Délos accueille d'innombrables marchands de passage et une importante population étrangère s'y établit auprès des Athéniens : les inscriptions nous font connaître des Grecs originaires de cités plus ou moins lointaines, des Égyptiens, Phéniciens, Syriens, Juifs, Samaritains, Arabes et, surtout, de très nombreux Italiens. À cette époque, l'économie italienne est en pleine expansion et recherche à la fois de la main-d'œuvre et des débouchés pour ses productions agricoles : à Délos, les commerçants italiens vendent de l'huile, du vin et des céramiques et achètent des esclaves et divers produits précieux proposés par les Orientaux. Très vite, les nouveaux habitants de l'île s'organisent en associations ethniques mais nouent également des relations complexes, mêlant alliances et rivalités pour assurer leur réussite économique et sociale.

La ville prospère et s'étend (1) : de nouveaux quartiers d'habitation se construisent, des sanctuaires sont consacrés aux dieux étrangers, le port et les infrastructures commerciales se développent et la nécropole, située de l'autre côté du chenal sur l'île de Rhénée, accueille des individus de tous horizons. Les Italiens sont omniprésents. Après avoir exploré les différentes facettes de ce groupe original, nous partirons sur ses traces au fil des ruines et du musée de Délos.

(1)

Les Italiens de Délos : une communauté puissante aux multiples visages

UN GROUPE BIGARRÉ ET OUVERT AUX AUTRES COMMUNAUTÉS

On a recensé dans les inscriptions plus de 750 Italiens. Si quelques-uns séjournent à Délos dès la fin de l'époque de l'indépendance délienne et dans les décennies qui suivent la mainmise d'Athènes sur l'île en 167 av. J.-C., l'immense majorité s'y installe entre 130 et 69 av. J.-C. Ils apparaissent dans les épitaphes*, les listes de souscripteurs* et les dédicaces* votives ou honorifiques. L'étude et la mise en série de leurs noms permettent de reconstituer leurs origines et leurs liens familiaux (encart 1).

La plupart des Italiens portent un nom latin et proviennent soit de Rome, soit de cités italiennes dont les habitants, avant la guerre sociale (90-88 av. J.-C.), n'ont généralement pas encore la citoyenneté romaine (2). Bien que leur nationalité soit rarement précisée, le gentilice* permet parfois de connaître l'origine géographique des familles : ainsi, les Saufeii sont bien connus à Préneste (Latium) et les Granii à Pouzzoles (Campanie), deux cités florissantes qui commerçaient avec Délos. D'autres familles arrivent d'Apulie (Pouilles), comme les Gerillani, ou sont d'origine osque (Italie centrale), comme les Seii et les Stlaccii. Mais on rencontre aussi des noms grecs quand les Italiens sont issus des vieilles cités grecques de la botte italienne (Naples, Tarente, Velia, Héraclée de Lucanie, etc.) : ils veillent alors à préciser leur ethnique* afin de souligner leur appartenance à la communauté italienne de Délos.

Si certains Italiens étaient les représentants isolés de maisons de commerce basées en Italie, la plupart vivaient et travaillaient en famille. Certaines gentes* sont représentées par une dizaine, voire une quinzaine d'individus aux statuts variés. Dans ces familles, on repère souvent deux à trois hommes libres, le père de famille et son (ou ses) fils ou bien des frères. Ils sont accompagnés de quelques esclaves et affranchis*, qui étaient associés à leur vie professionnelle ou domestique : certains arrivèrent sans doute avec eux d'Italie tandis que d'autres étaient acquis sur place, mais tous ont des noms grecs ou orientaux. Les esclaves

Les noms grecs comportent trois éléments : prénom, patronyme (prénom du père au génitif) et ethnique (adjectif formé sur le nom de la cité d'origine).

Ex. : *Apollônios Dioscouridou Neapolitès* : Apollonios, fils de Dioscouridès, de Naples.

Les noms latins comportent quatre éléments : *praenomen* (prénom), *nomen* = gentilice (nom de famille), patronyme (prénom du père) et *cognomen* (surnom). Le prénom et le patronyme sont toujours abrégés et le *cognomen* est loin d'être systématique.

Ex. : *P(ublius) Sexteilius L(ucii) f(ilius) Pilo* : Publius Sexteilius Pilo, fils de Lucius.

Les esclaves et affranchis portent le gentilice de leur(s) maître(s) ou patron(s) et mentionnent son (leurs) prénom(s) en guise de patronyme. Les esclaves ont toujours un prénom grec. Une fois affranchis, ils reçoivent un *praenomen* latin mais utilisent leur ancien prénom d'esclave comme *cognomen*.

Ex. : *Diodotus Seius C(aii) C(naeii) s(ervus)* : Diodotus Seius, esclave de Caius et Cnaeus.

C(aius) Seius Cn(aei) l(ibertus) Heracleo : Caius Seius Heracleo, affranchi de Cnaeus.

Dans les inscriptions grecques, les noms latins sont transcrits en caractères grecs et les patronymes sont mis au génitif, sans indication du statut (fils, affranchi, esclave). De ce fait, il est impossible de distinguer un homme libre d'un affranchi, puisque tous deux portent un *praenomen* latin.

Ex. : *Aulos Floueios Dekmou* : Aulus, fils (ou affranchi) de Decimus.

Dans les listes d'éphèbes (et souvent aussi dans les listes de souscripteurs), les noms romains suivent le modèle des noms grecs, en supprimant le gentilice, et indiquent parfois l'ethnique *Rômaios*, utilisé génériquement pour désigner l'origine italienne et non la citoyenneté romaine.

Ex. : *Aulos Aulou Rômaios* : Aulus, fils d'Aulus, Romain.

Les noms de femmes, attestés seulement dans leur transcription grecque, sont très variés. Elles portent souvent, en guise de prénom, le gentilice féminisé de leur père, suivi du patronyme (*praenomen* du père) ou du gamonyme (*praenomen* et éventuellement gentilice de l'époux). Certaines ont cependant un véritable *praenomen* : les prénoms *Pôlla* et *Tertia* sont particulièrement en vogue à Délos. Les femmes portent rarement un *cognomen*.

Ex. : *Kaikilia Gnaiou* : Caecilia fille de Cnaeus (Caecilius).

Tertia Horaria Popliou Romaia Tryphera, gynè de Popliou : Tertia Oraria Tryphera, fille de Publius et épouse de Publius, Romaine.

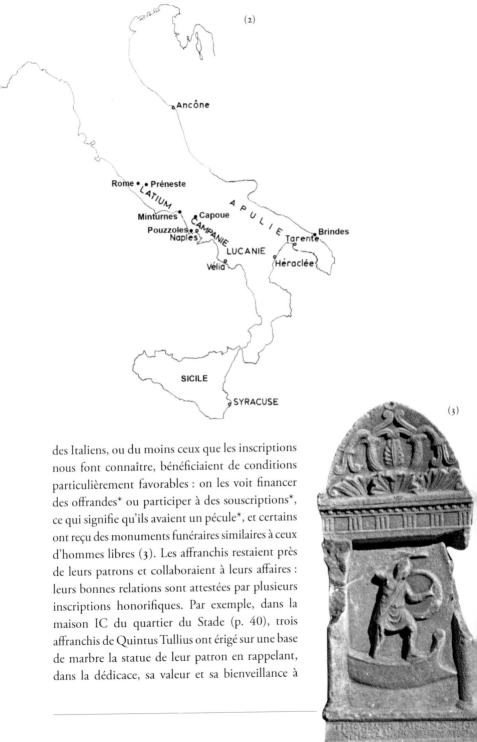

(2)

Ancône

Rome • • Préneste
LATIUM
Minturnes • CAMPANIE Capoue
Pouzzoles • APULIE
Naples Tarente Brindes
LUCANIE
Vélia Héraclée

SICILE

SYRACUSE

(3)

des Italiens, ou du moins ceux que les inscriptions nous font connaître, bénéficiaient de conditions particulièrement favorables : on les voit financer des offrandes* ou participer à des souscriptions*, ce qui signifie qu'ils avaient un pécule*, et certains ont reçu des monuments funéraires similaires à ceux d'hommes libres (3). Les affranchis restaient près de leurs patrons et collaboraient à leurs affaires : leurs bonnes relations sont attestées par plusieurs inscriptions honorifiques. Par exemple, dans la maison IC du quartier du Stade (p. 40), trois affranchis de Quintus Tullius ont érigé sur une base de marbre la statue de leur patron en rappelant, dans la dédicace, sa valeur et sa bienveillance à leur égard (**4**). Enfin, quelques Italiennes sont connues grâce aux stèles funéraires où est inscrit leur nom, accompagné de celui de leur père ou de leur époux. Elles sont représentées dans des attitudes variées : ainsi, sur le riche monument à la mémoire de Tertia Horaria (**5**), la défunte assise serre la main d'un homme, sans doute son mari Publius, tandis qu'une petite servante lui présente un coffret à bijoux. Une autre stèle représente une fillette accroupie, tendant une grappe de raisin à une petite oie – l'émouvante épitaphe en vers gravée sous le relief nous apprend qu'elle était la fille d'un citoyen romain, Quintus Furius (**6** et encart 2).

(2) *Épitaphe de Furia* (SEG *47, 1232*)

La communauté italienne regroupait donc des individus d'origine géographique, de langue, de sexe et de statut variés. Lorsqu'ils vinrent s'installer à Délos, la plupart étaient cependant familiers de la culture grecque, qui était alors érigée en modèle à Rome et dans les principales villes de la péninsule. Ils parlaient le grec et leurs inscriptions privilégiaient son usage aux dépens du latin, au moins dans le cadre privé. Ils firent preuve d'une grande ouverture à l'égard de la population grecque et orientale qu'ils côtoyaient en de nombreux lieux de l'île.

On voit ainsi les Italiens fréquenter le gymnase, lieu voué au sport, à l'enseignement intellectuel et à la sociabilité, ouvert à différents groupes d'âge. D'abord situé dans l'édifice qu'on

(5)

(6)

appelle aujourd'hui « Palestre du lac », celui-ci fut transféré par les Athéniens près du stade, au nord-est de l'île ⑭, au début du Iᵉʳ s. av. J.-C. (7). Des noms italiens y apparaissent dans les listes officielles, les dédicaces et les graffiti gravés sur les bancs de marbre. Les jeunes gens âgés de 18 à 20 ans étaient intégrés à l'éphébie* : en 119/8 av. J.-C., une liste d'éphèbes* recense cinq Italiens, six Athéniens et vingt-neuf autres Grecs et Orientaux, ce qui donne une idée de l'importance numérique de la population étrangère.

Celle-ci se côtoyait également dans les nombreux sanctuaires de l'île, pour certains dédiés depuis des siècles à des divinités grecques et, pour d'autres, créés plus récemment en l'honneur de dieux étrangers. Du fait de leur immense succès, les sanctuaires des dieux égyptiens Sarapis, Isis, Anubis et Harpocrate (Horus) et des dieux syriens Hadad et Atargatis étaient administrés par Athènes, qui veillait à leur entretien, nommait le personnel cultuel et organisait les fêtes religieuses (⑰, ⑱, ⑲). Les Italiens, comme bien d'autres étrangers, étaient de fervents fidèles de ces divinités orientales à qui ils faisaient d'innombrables offrandes. Dans les listes de souscripteurs des sanctuaires égyptiens, on recense 70 Italiens, dont de nombreux esclaves, hommes ou femmes. L'exemple de la famille des Aemilii est édifiant : avant 112/1 av. J.-C., Lucius Aemilius, fils ou affranchi de Publius, associé à un autre Italien, Aulus Gessius, dédie aux dieux égyptiens un *pastophorion** et son mobilier, en leur nom et en celui de leurs épouses et de leurs enfants ; en 106/5, c'est une esclave, Hellas Aemilia, qui consacre en son nom et en celui de Sappho et Spurius (ses camarades?) une statuette aux dieux égyptiens ; en 90, Publius Aemilius fils de Lucius, Romain, offre une exèdre* aux dieux syriens, en son nom et en celui de son fils Publius. Citons enfin Spurius Stertinius dont on connaît deux offrandes aux dieux égyptiens, une aux Nymphes, une aux Charites et deux à Artémis Sôteira (8) : cet Italien était manifestement plus attiré par les cultes orientaux et grecs que par ceux de sa propre patrie.

Au fil des décennies, les Italiens se sont donc mêlés à la population cosmopolite, adoptant les mêmes croyances et comportements, dans une sorte de grand creuset culturel délien. Cette intégration se manifeste aussi par des liens d'amitié et des alliances matrimoniales avec d'autres communautés. On voit des Italiens s'associer à des Athéniens pour des dédicaces communes : l'Italien Gorgias, fils de Damoxenos, originaire d'Héraclée de Lucanie, et l'Athénien Aristôn, fils de Gorgias, érigent ensemble les statues honorifiques de leurs amis Aulus et Publius Gabinii, des magistrats romains. Plus étonnant encore, quatre affranchis italiens se regroupent avec le célèbre Athénien Dionysios, fils de Nikôn, qui fut épimélète de l'île*, pour dédier un monument. Plusieurs cas de mariages mixtes sont également soupçonnés, même si l'interprétation des noms mêlant des éléments latins et grecs reste délicate. Ainsi, Caius Seius Aristomachos est le fils d'un citoyen romain, Cnaeus Seius, et de Cléopâtra, fille de Philostratos, d'Arados en Phénicie. Il porte le gentilice romain de son père, un *praenomen* romain et un *cognomen* grec. Sa mère et lui sont restés fidèles au culte des dieux syriens, comme l'attestent deux dédicaces. Il est probable que les mariages entre Italiens et Orientaux, tout comme les amitiés affichées dans les dédicaces, cachaient des intérêts économiques, voire politiques.

Ce sont ces mêmes intérêts qui poussèrent certains Orientaux à intégrer la communauté italienne, en obtenant la citoyenneté

de cités grecques d'Italie du Sud. Le cas le plus célèbre est celui du banquier Philostrate, fils de Philostrate. Ce personnage, dont la famille est connue par treize inscriptions, était originaire d'Ascalon en Palestine et s'établit à Délos avec son épouse, ses deux fils (dont l'un au moins fut éphèbe) et son esclave Chaireas. Fidèle aux dieux de sa patrie, à qui il fit plusieurs dédicaces au sanctuaire des divinités d'Ascalon, sur le Cynthe ⑯, il obtint bientôt la citoyenneté de Naples, sans doute grâce à ses liens avec les négociants italiens et sa générosité à leur égard. En témoignent une dédicace de trois frères Egnatii, qui lui érigèrent une statue en le qualifiant d'évergète*, et deux autres émanant de groupements de marchands italiens, athéniens et étrangers. Nous verrons que Philostrate a été l'un des plus généreux donateurs de l'Agora des Italiens (p. 49) et que cette acquisition de la citoyenneté napolitaine était motivée par son métier, la banque étant monopolisée par les Italiens.

UNE ASSOCIATION INFLUENTE : LES *ITALICI*

Si les étrangers de toutes origines se rencontraient quotidiennement en divers lieux de l'île et nouaient des accords commerciaux, sans doute renforcés par des alliances matrimoniales, chaque communauté veillait à entretenir voire renforcer ses liens internes par le biais d'associations religieuses, culturelles et/ou commerciales. Les associations d'Orientaux sont les mieux connues : par exemple, le « *koinon** des Poséidoniastes de Bérytos, négociants, armateurs et entrepositaires » regroupait des marchands phéniciens originaires de l'actuelle Beyrouth. Pour se réunir, il avait fait construire dans le quartier nord ⑫ un établissement (9) comprenant une cour à péristyle (F), une salle de réunion (E), un sanctuaire aux dieux ancestraux (V) et des entrepôts (J à Q). Les membres de l'association, qui versaient une contribution annuelle, se conformaient à un *nomos* (règlement) et se réunissaient périodiquement en assemblée pour voter des décrets et élire un président, un secrétaire et des trésoriers.

Les inscriptions qui nous sont parvenues ne permettent pas, hélas, de connaître l'organisation des Italiens avec autant de précision et les historiens ont longtemps débattu de la nature et des objectifs de leur(s) groupement(s). Il semble qu'il existait, d'une part, des associations commerciales réunissant les commerçants italiens par activité – nous y reviendrons – et, d'autre part, une association à vocation religieuse et culturelle, nommée *Italici* en latin et *Italoi* en grec (Les Italiens), qui accueillait l'ensemble des individus originaires de la péninsule.

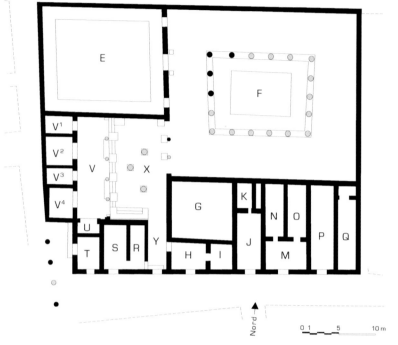

Cette association s'était installée en deux points centraux de l'île, dont les noms antiques ne sont pas connus : « l'Agora des Compétaliastes » ①, place publique située sur le port, hébergeait ses sanctuaires et « l'Agora des Italiens » ⑧, en bordure nord du sanctuaire d'Apollon, constituait un gigantesque lieu de réunion et d'ostentation.

On n'a conservé aucun document administratif émanant des *Italici* mais le nom de l'association apparaît dans plusieurs dédicaces honorifiques : par exemple, elle a rendu hommage à l'un de ses membres les plus éminents, Caius Ofellius Ferus, en dressant son effigie de marbre dans une niche* de l'Agora des Italiens (**10**). La dédicace gravée sur la base précise : « Les *Italici* ont consacré à Apollon la statue de Caius Ofellius Ferus, fils de Marcus, en raison de sa justice et de sa bienveillance à leur égard. » Comme nous le verrons, l'association des *Italici* reçoit également des dédicaces : tous les portiques de l'Agora des Italiens ont été offerts « à Apollon et aux *Italici* » par ses membres ou par ses représentants.

Il est vraisemblable que, comme les Poséidoniastes de Bérytos, les *Italici* aient obéi à un règlement, organisé des assemblées et élu des dignitaires chargés d'administrer et de représenter leur communauté. Or, une vingtaine de dédicaces, pour la plupart bilingues, émanent de collèges* de cinq à douze Italiens portant les titres de

(11)

magistri* en latin et d'*Hermaïstai, Apolloniastai, Poseidoniastai* et *Kompetaliastai*
en grec (**11** et encart 3). Ces *magistri*, qui adressaient leurs dédicaces aux dieux
italiens et aux *Italici*, n'étaient peut-être pas les seuls dignitaires de l'association
mais ils étaient manifestement désignés pour gérer ses sanctuaires.

La classification des inscriptions nous renseigne sur les quatre
collèges, chacun voué à une ou plusieurs divi-
nités gréco-romaines : les *magistri* de Mercure
(Hermès), appelés *Hermaïstai* (Hermaïstes)
en grec, vénéraient le dieu du commerce
et sa mère Maia, une vieille déesse italique ;
les *magistri* de Neptune (Poséidon), ou *Poseidoniastai*
(Poséidoniastes), honoraient le dieu de la navigation ;
les *magistri* d'Apollon, ou *Apolloniastai* (Apolloniastes),
rendaient hommage au principal dieu de l'île ; et les
Kompetaliastai (Compétaliastes), dont le nom latin
n'est pas attesté car toutes les inscriptions conservées
sont écrites en grec, adoraient les Lares Compitales,
divinités romaines des rues et des carrefours. Si l'on
en croit les dates de certaines inscriptions, ces collèges
étaient périodiquement renouvelés, probablement
chaque année.

On ignore selon quels critères ils étaient choisis mais on
constate qu'un même personnage a pu appartenir à deux
collèges différents : ainsi l'affranchi Aulus Cerrinius a-t-il
été successivement Compétaliaste et Hermaïste. Souvent,
plusieurs membres d'une même famille ont exercé leur charge

(10)

(12)

Publius Sextilius Pilo, fils de Lucius
Caius Crassicius, fils de Publius
Marcus Audius, fils de Marcus
Marcus Cottius, fils de Numerius
Cnaeus Tutorius, fils de Cnaeus
Numerius Stenius, fils de Marcus
Publius Arellius, affranchi de Quintus
Tiberius Seius, affranchi de Marcus
Numerius Tutorius, affranchi de Cnaeus
Quintus Nummius, affranchi de Lucius
Decimus Maecius, affranchi de Lucius
Publius Castricius, affranchi de Publius,
(étant) *magistri* de Mercure, Apollon et
Neptune, ont fait fabriquer et dédié (cette statue)
à Hercule, sous le consulat de Cnaeus Papirius
et Caius Caecilius.

(3) *Dédicace des Hermaïstes, Apolloniastes et Poséidoniastes à Héraclès en 113 av. J.-C. (ID 1753)*

dans un même collège, la même année ou successivement : chez les Paconii, on connaît quatre Compétaliastes et deux Hermaïstes, Apolloniastes ou Poséidoniastes. Appartenir à un collège était certainement source de prestige et d'influence, mais nécessitait aussi un certain niveau de fortune. En effet, les *magistri* ont fait de nombreuses et coûteuses offrandes (statues, autels ou temples), soit pendant leur année d'exercice, soit après leur sortie de charge : dans le premier cas, elles étaient probablement financées par l'association (une seule dédicace précise qu'ils ont fait l'offrande « à leurs frais ») mais dans le second, il s'agissait d'actes d'évergétisme*.

La composition des collèges répondait cependant à une règle stricte : les Hermaïstes, Apolloniastes et Poséidoniastes étaient tous des hommes libres, de naissance ou par affranchissement, tandis que les Compétaliastes regroupaient des esclaves et quelques affranchis. Or, en Italie, le culte des Lares Compitales était traditionnellement confié aux esclaves. Il est probable que la création du collège des Compétaliastes a répondu à un double objectif : rassembler les

Italiens autour d'un culte emblématique de leur région d'origine, mais aussi intégrer à leur communauté des esclaves d'origine grecque et orientale, qui pour certains ne connaissaient pas les traditions de leurs maîtres. Être Compétaliaste leur permettait d'assumer une charge officielle et de s'élever dans l'échelle sociale, dans un contexte économique où les opportunités d'enrichissement et d'émancipation étaient nombreuses. Cependant, les Italiens de naissance libre veillaient à conserver la préséance : s'ils intégraient des affranchis aux collèges des Hermaïstes, Apolloniastes et Poséidoniastes, ceux-ci étaient toujours nommés en fin de liste ; en outre, les trois collèges d'hommes libres faisaient des dédicaces communes mais ne se mêlaient jamais aux Compétaliastes ; enfin, comme nous le verrons, ces derniers étaient cantonnés sur l'Agora des Compétaliastes et aucun esclave ne figure parmi les donateurs de l'Agora des Italiens.

Quatre cultes principaux étaient pris en charge par les *magistri*, qui faisaient aussi des dédicaces à des dieux secondaires. Les divinités portent un nom romain dans les inscriptions latines mais elles sont le plus souvent attestées par leur nom grec.

Mercure (Hermès) et Maia étaient vénérés dans deux sanctuaires sur l'Agora des Compétaliastes ⑴ (p. 28-36). Sur cette même place, les Compétaliastes rendaient un culte aux Lares Compitales, protecteurs du carrefour (*compitum*) : inconnus des Grecs (d'où le nom de *theoi*, « les dieux », qui les désigne en grec), c'étaient des dieux jumeaux, figurés comme deux jeunes hommes vêtus d'une tunique et dansant face à face en tenant un rhyton* (**12**). Les familles italiennes leur rendaient aussi un culte privé sur des autels construits aux portes des maisons, lors de la fête annuelle des *Compitalia* (p. 44-47).

Il ne semble pas que les *Italici* aient construit de sanctuaire à Neptune (Poséidon), mais ils le vénéraient dans le *Poseideion* ⑽, sanctuaire athénien situé sur l'Agora de Théophrastos : c'est de cette zone que proviennent les dédicaces des *magistri* à Poséidon et un graffite latin, gravé sur l'autel de Poséidon par un certain Caius Nerius, est adressé à plusieurs dieux grecs et italiens (Eros, Apollon, Jupiter, Neptune, Minerve et Mercure).

Une seule dédicace des Apolloniastes au principal dieu de l'île est conservée. Il n'est pas impossible qu'ils aient été chargés d'offrir un bœuf au nom de l'association des *Italici* lors de la fête athénienne des *Apollonia*, comme c'était le cas des *boutrophoi* (éleveurs de bœufs) des Poséidoniastes de Bérytos.

Enfin, diverses divinités attestées par les inscriptions des Compétaliastes ou représentées sur les peintures aux portes des maisons faisaient partie du panthéon des Italiens : Hercule (Héraclès), Minerve (Athéna), Dionysos, Jupiter Liber (Zeus Eleutherios) ainsi que les personnifications Pistis (la Bonne foi) et Rome.

L'association des *Italici* avait donc une vocation à la fois religieuse, permettant aux Italiens de rendre un culte commun à leurs dieux, et sociale : il faut l'imaginer comme une sorte de « club » qui facilitait les rencontres et l'entraide entre ses membres, renforçant et régulant leurs liens, quelle que fût leur origine géographique et sociale. De fait, des rivalités et des tensions existaient au sein de ce groupe hétérogène. En témoigne une tablette de défixion* de cuivre découverte dans la nécropole de Rhénée, sur laquelle un certain Titus Paconius maudit en langue latine vingt et un de ses ennemis, pour la plupart des Italiens et pour quatre d'entre eux des membres de sa famille (encart 4) !

Cependant, l'association avait aussi un but politique. Si elle encourageait la sociabilité au sein de ses membres, elle cherchait surtout à s'afficher comme la communauté la plus puissante de l'île. Très nombreux, les Italiens avaient pour atout le patronage (au moins symbolique) de Rome, qui avait livré Délos aux Athéniens et continuait à peser sur la vie politique, religieuse et économique de l'île. Les *Italici* entretenaient d'excellentes relations avec les magistrats romains qui faisaient étape à Délos : outre les liens de Caius Julius Caesar avec les marchands d'huile sur lesquels nous reviendrons, on peut mentionner Lucius Munatius Plancus, honoré en 88 av. J.-C. à l'Agora des Italiens par « les *Italici* et les Grecs qui font du commerce à Délos », ou encore Caius Billienus, qui reçut, alors qu'il était légat, une statue de « ceux qui font des affaires à Délos » et une autre, en tant que proconsul* d'Asie, de la part de son ami Midas fils de Zénon, d'Héraclée de Lucanie (**13**).

(Que soient maudits) Lucius Paconius l'Ancien, Quintus Tullius fils de Quintus, […], Numerius Cottius fils de Numerius [---], Caius Seius Cheilo fils de Caius, [---]ius Aristomachus, Caecilius fils de Lucius [---], Quintus Samiarius Arc[---] fils de Marcus, Manius Satricanius Arc[---], Aulus et Quintus Paconii fils de Marcus, Héracleidès, Antipatrus, [---], Heliodorus, [---]TIV[---], Demetrius, Caius, Seuthès le juriste, Sérapion fils de Sérapion, Publius Granius Alexandrus, [---]tius Aeg[---] fils de Decimus, [---]cius Neiceporus, Cnaeus Paconius Apolloni[us], les Mari(i) Gerrillanni [---], Nemerius et Marcus Raii, et tout autre qui sera un ennemi pour Titus Paconius !

(4) *Tablette de défixion de Rhénée* (ID *2534*)

Pour cette raison, dans les dédicaces communes que la population offrait régulièrement aux magistrats athéniens et romains, les Italiens étaient nommés en deuxième position après les Athéniens et avant les autres étrangers : c'est le cas sur la base de statue de l'épimélète de l'île Théophrastos (**14**), érigée par « les Athéniens, les Romains et les autres étrangers résidents et de passage à Délos ». Derrière cette appellation de « Romains » se cachent non seulement les *Italici*, mais aussi un groupe plus large comprenant les négociants et nauclères* italiens qui faisaient étape dans l'île : bien qu'ils fussent loin d'être tous citoyens romains, ils préféraient se désigner ainsi afin d'afficher leur proximité avec la puissance romaine. De même, on observe un usage stratégique du latin dans les inscriptions officielles des *Italici* : alors que le grec est la langue commune à toute la population de l'île et que les Italiens l'emploient systématiquement dans le cadre privé, les *magistri* en fonction rédigent des dédicaces bilingues comme pour souligner la spécificité de leur groupe ethnique. Enfin, pour dater leurs inscriptions, ils mentionnent non seulement l'épimélète athénien de l'île mais aussi les consuls*, ce qui est une autre façon de rappeler leur lien avec l'État romain (encart 3).

On a donc affaire à un groupe très organisé et influent, au service de la réussite sociale et de la prospérité économique de ses membres, mais qui en bénéficie également.

(14)

DES ACTIVITÉS LUCRATIVES : LE COMMERCE ET LA BANQUE

Outre leur origine géographique, les Italiens étaient unis par des intérêts professionnels communs : leur principale activité, sinon la seule, était le commerce. Comme les autres habitants de Délos, ils sont présentés dans les dédicaces communes comme des *emporoi,* négociants au long cours qui importaient et exportaient les marchandises, des *nauklèroi* (nauclères), propriétaires de bateaux qui en assuraient le transport, ou des *trapezitai,* c'est-à-dire des banquiers.

On sait bien peu de chose des nauclères et du transport des marchandises. Le port est mal connu et aucune épave n'a encore été fouillée aux abords de Délos ; cependant, des graffiti gravés sur les murs stuqués des maisons déliennes représentent, outre de nombreux vaisseaux de guerre, quelques navires marchands (15). C'étaient, à cette époque, des bateaux à voile à coque ronde, d'une longueur moyenne de 15 à 25 m, et parfois jusqu'à 40 m. Si les inscriptions ne nous font connaître aucun nauclère parmi les *Italici*, une dédicace fragmentaire émane d'au moins deux marins italiens, qui s'adressent aux Dioscures* sauveurs, en leur

nom et en celui des *ploizomenoi* (navigateurs) : sans doute avaient-ils échappé à un naufrage. D'autres eurent moins de chance : la stèle funéraire du Romain Spurius Granius, fils (ou affranchi) d'Aulus, représente un homme accablé, assis sur un rocher et contemplant un navire en déroute avec trois passagers à bord (**16**). Ce type de représentation, récurrent à Rhénée, était choisi pour les cénotaphes* des naufragés.

Le second discours de Cicéron contre Verrès, en 70 av. J.-C., évoque les marchandises confisquées aux négociants italiens arrivant d'Orient en Sicile : « Ils présentaient, ceux-ci de la pourpre de Tyr, ceux-là de l'encens, des parfums, des étoffes de lin ; plusieurs des pierreries et des perles ; quelques-uns des vins grecs ou des esclaves achetés en Asie, afin que, par les objets de leur commerce, on pût juger des lieux d'où ils venaient. » Bien qu'il ne concerne pas spécifiquement Délos, ce passage donne une idée des produits que les Italiens venaient y chercher auprès des marchands orientaux. Les esclaves constituaient certainement le plus gros des cargaisons, si l'on en croit le géographe Strabon : « Ils trouvaient un grand et riche marché, celui de Délos, qui pouvait en un jour recevoir et écouler plusieurs milliers d'esclaves, d'où le proverbe si souvent cité : allons, vite, marchand, aborde, décharge, tout est vendu. » Cependant, aucune inscription délienne ne mentionne ces différents trafics.

En revanche, on est assez bien renseigné sur les produits apportés par les Italiens à Délos, pour l'essentiel de l'huile et du vin avec, comme complément aux cargaisons d'amphores, des céramiques italiennes. Les marchands d'huile, en particulier, avaient fondé une association professionnelle qui portait leur nom (*Olearii* en latin et *Elaiopôlai* en grec) et s'étaient mis sous la protection d'Hercule (Héraclès) et de Mercure (Hermès) à qui ils avaient consacré un petit temple. Leur siège se trouvait probablement sur l'*emporion**, au sud de l'Agora des Compétaliastes ①, où deux dédicaces ont été découvertes (p. 37) : l'une, sur une base de statue, est un hommage des *Olearii* au proconsul Caius Julius Caesar (père et homonyme du célèbre dictateur), qui fut gouverneur de la province romaine d'Asie au début

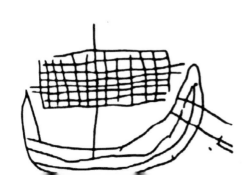

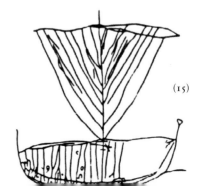

(15)

du Ier s. av. J.-C. L'autre est le nom de ce même magistrat, gravé sur un *sekoma**
qu'il leur avait certainement offert (17) : cette table de marbre, dont la cuvette
percée d'un orifice était autrefois surmontée d'un cylindre de bronze, servait à
mesurer le volume d'huile lors de la vente. Il faut en conclure que les *Olearii*
avaient des relations étroites avec le pouvoir romain, d'autant que ce cadeau
du proconsul intervient à la suite d'une loi d'Athènes modifiant les poids et les
mesures, afin de faciliter la conversion entre les systèmes athénien et romain.
L'huile italienne provenait majoritairement du sud de la péninsule et était
transportée dans des amphores ventrues, dites « amphores de Brindes », dont
un certain nombre a été découvert à Délos (18a) : une partie était destinée à
la population résidente et le reste redistribué en Méditerranée orientale. De
même, le commerce du vin est attesté par une unique dédicace des marchands
de vin (*Oinopôlai* en grec) et par une quantité impressionnante d'amphores à
vin italiennes. Deux types prédominent, comme dans de nombreux sites de
Méditerranée orientale : les Lamboglia 2, issues de la côte adriatique, et les
Dressel 1A et 1C, provenant de la côte tyrrhénienne (18b-d). Dans un quartier
de magasins situé au nord-est de l'Agora des Italiens ont été dégagées une
soixantaine d'amphores en place, toutes d'origine italienne, fichées en terre et
pour certaines encore bouchées par un couvercle de céramique scellé au plâtre.
On a manifestement affaire à un entrepôt où les *negotiatores* stockaient le vin
importé d'Italie.
Outre le commerce, les activités bancaires semblent avoir été aux mains des
Italiens : hormis Philostrate d'Ascalon, qui a justement réussi à intégrer la
communauté des *Italici* en devenant citoyen de Naples (p. 13), on ne connaît
aucun banquier grec ou oriental à Délos. Les banquiers accueillaient des dépôts
d'argent, pratiquaient les opérations de change et prêtaient de l'argent à intérêt :
ils jouaient donc un rôle majeur au sein de l'*emporion* délien. C'est pourquoi
ils ont été honorés à diverses reprises : à la fin du IIe et au début du Ier s., le
banquier Marius Gerillanus fils de Marius s'est vu offrir trois statues par différents

(17)

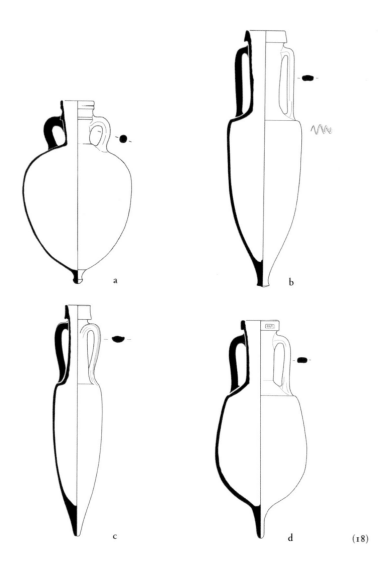

a b

c d (18)

groupes de négociants grecs et italiens qui célébraient son mérite et ses qualités d'homme de bien. Il est amusant de constater que ce personnage ne suscitait pas l'unanimité, car il a aussi été maudit par Titus Paconius dans la tablette de Rhénée (encart 4)…

Un autre banquier, Marcus Minatius fils de Sextus, est bien connu grâce au décret honorifique que lui votèrent les Poséidoniastes de Bérytos en 149/8 av. J.-C. L'association phénicienne lui avait emprunté une forte somme pour construire son établissement (9) et cherchait des fonds pour l'achever. C'est alors que Minatius lui fit don des intérêts de la somme déjà prêtée et offrit même 7 000 drachmes supplémentaires. On peut s'interroger sur les raisons d'une telle générosité, qui témoigne de la prospérité du banquier italien dès les premières décennies de l'essor de l'*emporion* délien : sans doute faisait-il déjà des affaires avec les marchands de Bérytos et espérait-il ainsi renforcer sa collaboration avec eux, en devenant membre à part entière de l'association. Pour le remercier, celle-ci lui offrit en effet de nombreux honneurs et avantages : une couronne, une statue, une effigie peinte, l'offrande d'un bœuf en son nom lors des *Apollonia*, la dispense de toute contribution financière et le droit d'amener un ou deux invités de son choix lors des fêtes en l'honneur des dieux ancestraux.

Les banquiers italiens exerçaient probablement leur activité sur l'ancienne Agora des Déliens (3), qui avait pris le nom de « Tétragone » après le transfert de l'agora* sur l'Agora de Théophrastos (9) (19) : sur cette place bordée de portiques, dont les bureaux ou boutiques étaient loués par l'administration athénienne, on a découvert trois dédicaces en l'honneur de banquiers italiens. Mais ceux-ci avaient

(19)

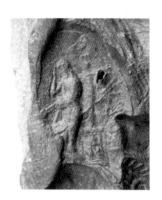

aussi des bureaux dans leurs habitations, où ils entreposaient des actes et contrats concernant leurs propres affaires ou celles d'autres particuliers. La « Maison des sceaux » (13), détruite par un incendie en 69 av. J.-C., a peut-être été habitée par deux banquiers italiens. On y a recueilli près de 15 000 pastilles d'argile, portant environ 26 000 empreintes de sceaux* qui scellaient des documents rédigés sur papyrus. Une soixantaine d'empreintes portent des noms italiens inscrits (20). On a aussi découvert dans les décombres les fragments de bustes de marbre (21) qui offrent un portrait saisissant de deux hommes mûrs, torse nu avec un manteau jeté sur l'épaule à la façon de Caius Ofellius (10), l'air sévère voire hautain. Il est tentant d'y reconnaître deux banquiers italiens propriétaires de la maison, dont les affaires étaient manifestement prospères.

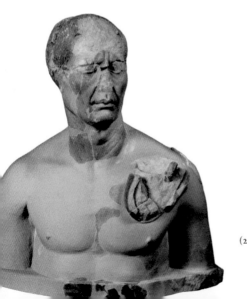
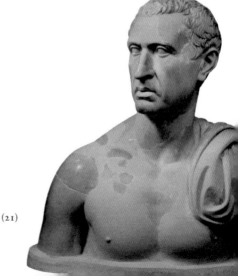

(21)

Ce tableau des activités des Italiens de Délos aura permis de percevoir combien leur commerce était lucratif. Plus que toutes les autres communautés, ils ont mis cette richesse au service de leur image et n'ont cessé d'afficher leur présence dans le paysage délien. On a déjà évoqué à plusieurs reprises leurs offrandes aux divinités italiennes et étrangères et les statues honorifiques qu'ils ont financées, individuellement ou collectivement. Il faut y ajouter leur participation récurrente à la construction d'édifices, qui constitue autant d'actes d'évergétisme : tout comme Marcus Minatius a contribué à l'édification de l'Établissement des Poséidoniastes de Bérytos, ce sont des Italiens qui ont financé, par tranches, l'ensemble de l'Agora des Italiens. Comme nous le verrons, les huit portiques, les exèdres, le *laconicum** des thermes (22) portent les noms des personnes ou groupes de personnes qui les ont fait construire. Parmi eux figurent en bonne place des *magistri* après leur sortie de charge. On assiste donc à une surenchère de dons qui relève à la fois d'une émulation interne à la communauté italienne et d'une stratégie commune, et probablement réfléchie, d'occupation de l'espace.

C'est pourquoi les Italiens sont les seuls étrangers dont nous trouvions les traces dans de nombreux édifices publics ou privés, à vocation religieuse, économique ou sociale.

(22)

Les Italiens de Délos : une communauté puissante aux multiples visages

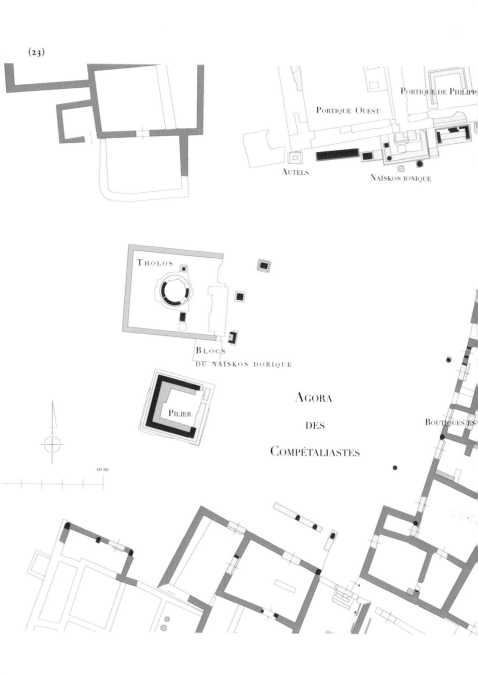

(23)

PORTIQUE DE PHILIPP

PORTIQUE OUEST

AUTELS

NAÏSKOS IONIQUE

THOLOS

BLOCS
DU NAÏSKOS DORIQUE

PILIER

AGORA

DES

COMPÉTALIASTES

BOUTIQUES ES

10 m

Les lieux de vie des Italiens : des sanctuaires de voisinage aux monuments ostentatoires

Les lieux de vie des Italiens seront présentés en suivant un ordre à la fois thématique et géographique. Les passages en italiques proposent un itinéraire de visite d'environ 1 h 30 (sans les détours ponctuellement suggérés). La nécropole de Rhénée, inaccessible, ne sera pas abordée mais on pourra aller contempler quelques stèles funéraires italiennes au Musée archéologique de Mykonos.

L'AGORA DES COMPÉTALIASTES ET LES SANCTUAIRES OFFICIELS DES *ITALICI*

Au débouché du môle, les premiers vestiges que l'on découvre sont ceux d'une place publique où les Italiens avaient établi leurs sanctuaires ①. Les archéologues l'ont appelée « Agora des Compétaliastes » (23 et 53) ou « Agora des Hermaïstes » en raison des nombreuses dédicaces des *magistri* qui y ont été découvertes, mais son nom antique reste inconnu.

Cette vaste esplanade dallée fut créée aux dépens d'un marais littoral lors des travaux d'aménagement du port menés par l'épimélète de l'île Théophrastos peu avant 125 av. J.-C. Elle se trouvait au cœur de l'*emporion*, zone du port réservée au commerce international, qui s'étendait du Portique Ouest jusqu'à la baie au sud du Magasin des colonnes. La ligne de rivage a été profondément modifiée depuis l'Antiquité par la remontée relative du niveau marin d'environ 2,50 m et par la création du môle moderne avec les déblais de fouille. Au IIᵉ s. av. J.-C., le port semble avoir été constitué d'un bassin peu profond, bordé d'une plage où l'on halait les bateaux de petit tonnage tandis que les plus grands restaient ancrés dans la rade. Ce bassin se trouvait au nord-ouest de l'Agora des Compétaliastes qui était probablement, comme aujourd'hui, le principal débarcadère de l'île et de l'*emporion*. C'est dire si les *Italici* étaient influents : alors que les autres communautés vénéraient leurs dieux à l'intérieur de bâtiments privés, ils avaient obtenu l'autorisation de construire des sanctuaires au milieu d'une place publique fréquentée, exposant aux yeux de tous leurs dieux, leurs prestigieuses offrandes et leurs noms inscrits.

L'Agora des Compétaliastes, lieu de passage obligé, constituait le carrefour de plusieurs rues : sur le front de mer, l'une menait vers le nord à l'Agora de Théophrastos (9), où se faisait le commerce local, et l'autre vers le sud aux magasins et entrepôts de l'*emporion* (2). Au nord-est, on se rendait par la Rue des Portiques soit au sanctuaire d'Apollon, soit à la Tétragone (Agora des Déliens (3)). À l'est, deux rues conduisaient vers les quartiers d'habitations du sud de la ville et le théâtre. La place était bordée, au nord, par le petit côté de deux portiques adossés l'un à l'autre : le Portique Ouest, tourné vers le port, était voué aux échanges et hébergeait l'épimélète de l'*emporion*, magistrat athénien qui surveillait le commerce de transit ; quant au Portique de Philippe, en bordure du Dromos (voie sacrée) menant au sanctuaire d'Apollon, c'était plutôt un lieu ombragé de promenade. Sur les deux autres côtés de la place, on observe les murs d'îlots d'habitation dans lesquels étaient aménagées des boutiques. Celles de la façade est ouvraient sur un modeste portique aujourd'hui muré, dont les colonnes hétéroclites soutenaient une avancée de l'étage. Au sud, les maisons bordées par deux portiques de piliers à demi-colonnes de marbre ont été construites à l'époque impériale aux dépens de l'esplanade. Enfin, au centre de la place, une fondation à degrés de marbre portait un pilier monumental d'une dizaine de mètres de hauteur, probablement destiné à la statue en char d'un magistrat romain (voir **33**). À l'exception de cette offrande extraordinaire et de quelques bases et exèdres, tous les monuments de la place ont été dédiés par les *magistri* italiens.

Le naïskos* ionique des Hermaïstes, adossé au mur plein du Portique Ouest et du Portique de Philippe, au nord de la place, était consacré au dieu romain Mercure (Hermès en grec) et à sa mère, la nymphe Maia. Seule sa fondation est conservée (**24**) mais on reconnaît aisément les deux degrés de la crépis* sur lesquels subsiste, du côté gauche, la partie inférieure d'une colonne et d'une ante. Sur le monument et aux alentours gisent d'autres blocs qui permettent de restituer un baldaquin prostyle* à quatre colonnes, d'ordre ionique ou corinthien, aucun chapiteau n'ayant été conservé (**25**). La dédicace fragmentaire gravée sur l'architrave* nous apprend que le temple a été construit par un collège de six Hermaïstes. À l'intérieur, on remarque les plinthes des deux bases des statues de Mercure et Maia, qui étaient protégées par des barrières de marbre entre les colonnes. Devant le naïskos sont dressés, à droite, un autel cylindrique orné de guirlandes et bucranes* et, à gauche, un tronc à offrandes dédié par Caius Varius affranchi de Caius. Ce dernier est muni d'un orifice dans lequel les fidèles

24)

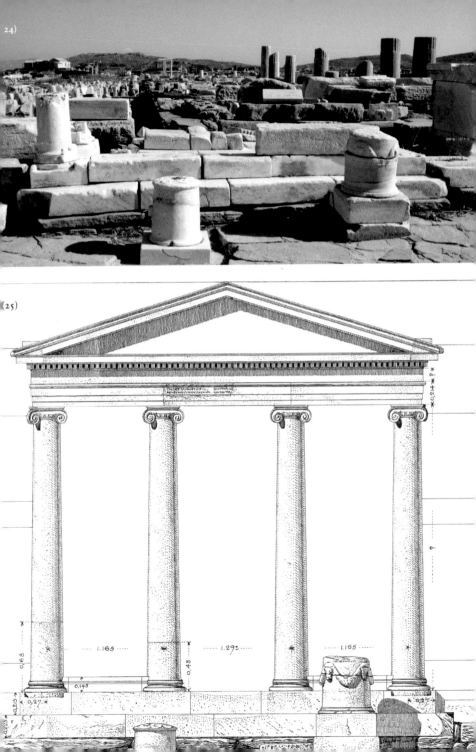

(25)

déposaient de l'argent, que l'on recueillait en soulevant la partie cylindrique, creuse et disjointe de sa base carrée ; il est orné de deux serpents sculptés dans le marbre et d'un caducée de bronze, attributs de Mercure (**26**). Des traces visibles sur le premier degré de la crépis indiquent que d'autres offrandes, sans doute des petites bases de statues, y avaient également été scellées.

Au centre de la place, **la tholos des Compétaliastes** était un temple des Lares Compitales, divinités romaines des carrefours. Contrairement au naïskos de Mercure et Maia, qui s'ouvre directement sur l'esplanade, elle est entourée d'un péribole, mur bas de pierre autrefois stuqué, qui limite une plate-forme rectangulaire surélevée par rapport au dallage (**27**). Le temple adoptait la forme, unique à Délos et encore rarissime à cette époque, d'une tholos monoptère* de marbre abritant les statues de culte (**28**). Seule une base, déposée sur la crépis, a subsisté des quatre colonnes et il est impossible de déterminer si l'ordre était ionique ou corinthien. Le toit conique était orné d'écailles, selon un modèle qui connut par la suite un grand succès dans le monde romain. Il faut restituer une dalle de plafond carrée qui reposait sur les corniches rectilignes à l'arrière des blocs d'entablement*, et dont le poids compensait l'important porte-à-faux de la partie haute de l'édifice au-dessus des colonnes. Cette tholos, exceptionnelle par sa forme et sa technique architecturale, se distingue par l'absence du riche décor sculpté qui caractérise généralement ce type d'édifice.

La dédicace fragmentaire, inscrite sur l'architrave, émane de cinq affranchis et d'un esclave italiens qui constituaient certainement un collège de Compétaliastes. Une inscription nommant les mêmes personnages était gravée sur un fragment de la base qui supportait les statues des Lares Compitales à l'intérieur de la tholos. Enfin, un petit autel monolithe de marbre, désormais déposé le long du Portique Ouest, devait être placé devant le temple (**28** et **29**) : il est sculpté d'un relief (martelé) représentant les dieux jumeaux, face à face, levant une jambe dans un mouvement de danse et tenant une branche de laurier sur l'épaule. L'inscription gravée entre les Lares rappelle la consécration simultanée de l'autel, du temple et des statues divines. Au nord et au sud de la tholos, trois bases de statues portent aussi des dédicaces des Compétaliastes.

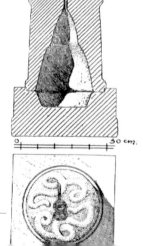

(**26**)

(30)

(29)

Le naïskos dorique des Hermaïstes, dont seuls subsistent sept fragments d'entablement, appartenait à un troisième sanctuaire italien (**30** et **31**). Sur son architrave, déposée sur une fondation maçonnée au sud de la tholos, on lit la dédicace bilingue d'un collège d'Hermaïstes à Mercure (Hermès) et Maia. Comme ces blocs ont été découverts sur l'Agora des Compétaliastes, il est probable que l'édifice se trouvait à cet emplacement mais sa fondation a disparu, soit du fait de la remontée du niveau marin, soit sous les habitations tardives construites aux dépens de l'esplanade.

Sur l'Agora des Compétaliastes, et en particulier le long du Portique Ouest, on observe également **les autels et bases de statues** offerts par les Hermaïstes et les Compétaliastes. Ces offrandes proviennent sans doute des trois sanctuaires mais elles sont si nombreuses que certaines pouvaient trouver place sur l'esplanade (**33**). Les dédicaces abrégées gravées sur les autels indiquent que les *magistri* avaient pour habitude de consacrer simultanément un autel et une statue à des divinités variées comme Héraclès, Athéna ou Maia. Les statues de bronze, dont les pieds étaient encastrés et scellés au plomb dans des cavités creusées à la face supérieure des bases, étaient de dimensions variées : à l'est de la tholos, une grande base des Hermaïstes portait une statue de Mercure de taille humaine tandis que le même dieu mesurait tout au plus 80 cm sur une petite base monolithe au nord de la place. Les autels cylindriques, posés sur des socles moulurés, sont ornés de guirlandes et de bucranes selon un modèle fréquent à Délos et Rhénée : on observera notamment, au nord de l'esplanade, celui d'Héraclès en marbre bleu (**32**) et celui d'Athéna en marbre rosé.

Ces nombreuses offrandes témoignent moins de la dévotion des Italiens envers leurs dieux nationaux que de leur souci d'ostentation. Il est frappant de consta-

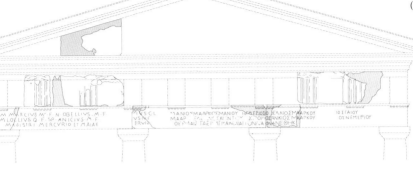

ter, en effet, que toutes les consécrations ont été faites dans le cadre officiel de l'association des *Italici*, puisqu'elles émanent de collèges de *magistri* en fonction ou sortis de charge. Aucun Italien n'a fait de dédicace individuelle dans les sanctuaires de Mercure et Maia ni dans celui des Lares, alors qu'ils sont très nombreux, on l'a vu, à avoir exprimé leur religiosité à l'égard des dieux égyptiens et syriens (p. 11-12). Le naïskos ionique et la tholos, quoique désignés comme des temples par les inscriptions, étaient des baldaquins destinés à mettre en valeur les statues divines mais ne permettaient pas d'entreposer les petites offrandes qui sont attestées dans d'autres sanctuaires (bijoux, vases, statuettes ou objets divers) : sans doute les dieux italiens n'en recevaient-ils guère.

Les rites ne sont pas connus. Comme l'association phénicienne des Poséidoniastes de Bérytos avait créé une fête annuelle pour son dieu éponyme, les *Poseidonia*, il est probable que les *Italici* célébraient chaque année des *Hermaia* en l'honneur de Mercure et de Maia dans les deux sanctuaires de l'Agora des Compétaliastes : on pourrait imaginer une procession et un sacrifice des *magistri* devant le naïskos, mais aucune source ne le confirme. La fête des *Compitalia* en l'honneur des Lares Compitales est en revanche documentée par de nombreuses peintures découvertes dans les habitations et les magasins, sur lesquelles nous reviendrons : si les sacrifices qui y sont représentés étaient faits dans le cadre privé, il est possible que les *ludi** aient eu lieu sur l'esplanade de l'Agora des Compétaliastes.

(32)

(33)

LES MAGASINS DU FRONT DE MER ET LE COMMERCE DE L'HUILE ET DU VIN

De l'Agora des Compétaliastes, on se dirigera vers le sud, sur la rue du Front de mer, et l'on parviendra presque immédiatement aux Magasins α (alpha), β (bêta) et γ (gamma) ② *qui étaient des lieux de vente et de stockage de l'*emporion.

C'est certainement dans ces édifices commerciaux que les *Olearii*, association des marchands d'huile italiens, avaient leur siège, sans que l'on sache son emplacement exact : le *sekoma* de C. Julius Caesar (**17**) et sa base de statue (p. 21-23) ont été découverts, l'un sur la rue devant les Magasins β et γ et l'autre dans une boutique au nord du Magasin α. L'unique dédicace des marchands de vin (p. 23) provient également de ce secteur.

Les Magasins α, β et γ sont organisés de manière identique (**34**). Par un vestibule central, on pénètre dans une vaste cour intérieure dallée, qui dessert sur trois côtés de grandes pièces parfois munies de fenêtres. Dans les Magasins β et γ (**35**),

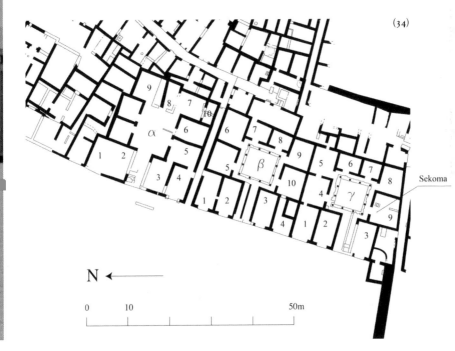

(**34**)

Sekoma

N ◄

0   10   50m

Les lieux de vie des Italiens : des sanctuaires de voisinage aux monuments ostentatoires

cette cour est bordée de portiques à colonnes de marbre qui, à l'étage, donnaient accès à d'autres pièces de taille équivalente : indépendantes du rez-de-chaussée, celles-ci étaient desservies par un escalier de bois installé dans un long couloir parallèle au vestibule. En façade des magasins, d'autres pièces ouvrent sur la rue par de larges baies : certaines ont deux seuils, l'un pour le rez-de-chaussée et l'autre pour un escalier menant à une pièce d'étage. L'examen des cavités creusées dans les seuils révèle que chacune des pièces a connu plusieurs systèmes de fermeture successifs (or les portes faisaient partie du mobilier qu'on emportait en quittant les lieux). On a donc affaire à des bâtiments dont les nombreux locaux étaient prévus pour être indépendants, avec la possibilité de les affecter à des personnes et à des usages différents.

Or, dans chacun des trois édifices, on a trouvé un *sekoma* destiné à mesurer de grandes quantités de produits liquides : le seul qui soit intact, rigoureusement identique à celui de C. Julius Caesar (p. 23), se trouve dans la pièce 9 du Magasin γ. Il s'agit d'une table de marbre, autrefois posée sur des pieds, creusée d'une cavité hémisphérique dans laquelle s'encastrait un cylindre de métal, probablement gradué. On bouchait l'orifice avant de verser de l'huile ou du vin, qui, une fois mesuré, s'écoulait dans un récipient posé sous la table. On observera la petite cuvette de trop-plein destinée à recueillir le liquide qui se serait répandu accidentellement.

Ce *sekoma*, comme les trois autres, porte une dédicace d'Ariarathès, épimélète de l'*emporion* chargé de veiller à la régularité des transactions dans le port de commerce. Il est donc vraisemblable que les Magasins α, β et γ accueillaient, sous le contrôle de la cité athénienne, les marchands d'huile et de vin et leur servaient de bureaux, de lieux de stockage et de vente.

Après avoir visité les magasins du front de mer, on s'engagera dans la rue située entre les Magasins α et β, avant de prendre la première rue à gauche puis la deuxième à droite. Cette dernière débouche sur un sentier sinueux que l'on suivra en direction de l'est jusqu'à l'Aphrodision puis la Maison de l'Hermès ④*.*

LES MAISONS DES ITALIENS ET LA FÊTE DES *COMPITALIA*

S'il est aisé de reconnaître à Délos les sanctuaires officiels des *Italici* et de deviner leur présence dans les magasins de l'*emporion*, chercher leurs traces dans les maisons privées s'avère beaucoup plus complexe. Pourtant, aucun site grec n'offre de vestiges d'habitat aussi riches et variés que Délos. À l'époque où l'île devint athénienne et où les premiers étrangers s'y établirent, les habitations se concentraient au sud du sanctuaire d'Apollon, sur la colline du théâtre et dans la vallée de l'Inopos. Du fait de l'augmentation de la population, de nouveaux quartiers résidentiels furent construits au nord et à l'est du sanctuaire, ainsi que sur le rivage oriental, en contrebas du stade. Dans les secteurs anciens et récents, la décoration luxueuse de certaines maisons témoigne de l'enrichissement des habitants mais, hormis quelques rares exceptions, il est impossible de connaître leur nationalité. En effet, les étrangers n'étaient pas regroupés par quartiers et l'uniformité architecturale des maisons ne reflète nullement le cosmopolitisme des habitants, dont les activités, les cultes et les modes de vie, on l'a vu, étaient très similaires. De plus, tout porte à croire que les populations se mêlèrent et s'influencèrent mutuellement : si les Italiens importèrent de leur patrie quelques éléments architecturaux ou décoratifs, ceux-ci furent bientôt imités et la présence, par exemple, d'un péristyle campanien* dans la Maison des Tritons ne signifie pas nécessairement que ses occupants étaient italiens. Il faut également tenir compte

du fait que les maisons changeaient de propriétaire et que, dans de nombreux cas, les Italiens héritèrent d'un bâtiment conçu par d'autres.

Pour autant, quelques indices permettent de repérer des maisons italiennes. Ainsi, dans certaines habitations, des dédicaces inscrites émanant d'Italiens révèlent que ceux-ci, à un moment ou un autre, occupèrent les lieux. Dans le vestibule de la maison E de la Rue de l'Est ⑥, une dédicace de Spurius Stertinius à Artémis Sôteira est maçonnée dans une niche où reposait la statuette de la déesse, désormais disparue (36). L'habitation où vivait ce personnage bien connu pour sa religiosité (p. 12) est modeste : quelques chambres de dimensions variées ouvrent sur une cour dallée, sans péristyle ni décor. La maison IC du quartier du Stade ⑮ a, pour sa part, appartenu à la famille des Tullii : deux bases de marbre provenant de l'étage ont été recueillies dans les décombres, dont l'une porte la dédicace bilingue de trois affranchis à leur patron Quintus Tullius (p. 9-10 et 4). À l'extérieur, de part et d'autre de la porte d'entrée, la découverte d'un remarquable ensemble de peintures religieuses des *Compitalia* confirme la nationalité des occupants (37) : nous y reviendrons. Mais dirigeons-nous d'abord vers la riche demeure des Paconii, située dans le quartier de l'Inopos.

La Maison de l'Hermès (4), l'une des plus vastes et luxueuses habitations de Délos, comporte trois niveaux étagés au flanc de la colline du théâtre (38). On y pénètre du côté nord par la porte principale, à droite de laquelle subsistaient, lors de la fouille, quelques vestiges d'un autel et de peintures des *Compitalia* ; un autel maçonné et une niche accolés à la maison d'en face appartenaient sans doute au même ensemble. Le vestibule dessert des latrines, une petite cuisine et une salle de bains équipée d'une baignoire sabot en terre cuite. On accède ensuite à la cour (39), bordée sur trois côtés de portiques doriques à étage et, sur le quatrième, d'un mur de soutènement percé de deux niches : la plus grande, où coulait une source alimentant une citerne, accueillait la statue d'une nymphe. Sur la cour ouvrent, au nord, une vaste salle de réception (*oecus*), qui dessert elle-même deux pièces de service, et, à l'est, une petite salle à manger où les lits de banquets étaient disposés le long des murs, sur un espace légèrement surélevé : unique à Délos, on reconnaît ici l'*andrôn* typique des maisons grecques d'Olynthe et Priène, où le maître de maison recevait ses amis à dîner. Notons que les murs du rez-de-chaussée étaient recouverts de décors stuqués et peints très élaborés et que la maison était ornée de nombreuses statues et statuettes divines, dont une signée par Praxitèle. Deux escaliers mènent ensuite au premier étage, où plusieurs salles désormais disparues ouvraient sur la galerie supérieure des trois portiques. Puis on se dirige, par un escalier plus étroit, vers le deuxième étage constitué de pièces aux dimensions et au décor plus modestes. À l'angle sud-est de la première salle à gauche, une niche abritait pourtant un remarquable pilier hermaïque* à tête archaïsante (désormais exposé au musée, 40). Sur sa base inscrite, la dédicace grecque de Dionysios Paconius le Jeune, esclave de Cnaeus, est adressée à Hermès et à « ses compagnons », probablement d'autres esclaves de la *gens* réunis en collège cultuel domestique : en effet, le texte est daté par la mention du « prêtre d'Artémis Sôteira », un certain Antiochos Paconius. Si la nature exacte de ce groupe nous échappe, l'inscription a le mérite de nous éclairer sur plusieurs points : la famille italienne des Paconii habitait cette demeure, dont le deuxième étage était sans doute le quartier des esclaves ; l'un d'eux y a fait installer une statue d'Hermès de grande qualité, inspirée de modèles archaïques, ce qui en dit long sur son niveau culturel et financier malgré son statut servile ; enfin,

(38)

(39)

les esclaves étaient associés aux cultes domestiques des Paconii, qui semblent avoir particulièrement affectionné le dieu du commerce. En effet, cinq autres statues ou statuettes d'Hermès ont été mises au jour en différents points du bâtiment. Après avoir observé le dernier escalier qui menait à la porte supérieure et au troisième étage disparu de la maison, on redescendra dans la cour où un autre pilier hermaïque est dressé sous le portique ouest (un troisième pilier, à la tête juvénile et imberbe, est exposé au musée).

Les Paconii étaient une famille italienne en vue : on connaît vingt-trois de ses membres, dont six ont été *magistri* et cinq ont participé à des souscriptions en faveur des dieux égyptiens. Quatre autres ont été enterrés à Rhénée et c'est aussi à cette famille qu'appartient Titus Paconius, l'auteur de la tablette de défixion évoquée précédemment (p. 18 et encart 4). Si leurs activités sont inconnues, leur demeure constitue un beau témoignage de la vie privée d'Italiens prospères.

En sortant de la Maison de l'Hermès, on tournera à droite puis presque immédiatement à gauche sur un sentier qui mène au musée. On peut aussi, si l'on prend l'embranchement de droite, faire un détour par le Sarapieion A et la Terrasse des dieux étrangers (⑲, ⑱, ⑰) et visiter les sanctuaires des divinités égyptiennes et syriennes, qui comptaient de nombreux Italiens parmi leurs fidèles (p. 11-12). De là, on se dirigera vers le musée ⑤ afin d'y découvrir les autels et peintures religieuses des Compitalia, exposés dans la première salle à gauche (41).

Si de rares inscriptions ont permis d'identifier des habitations italiennes, **les peintures religieuses**, tout à fait exceptionnelles, offrent une image vivante et colorée de leurs habitants : réalisées sur les façades extérieures des maisons, dans des niches et sur des autels maçonnés adossés à celles-ci, elles représentent la fête romaine des *Compitalia*. Elles étaient régulièrement renouvelées et on compte jusqu'à douze couches d'enduit superposées, qui reprennent fréquemment les mêmes thèmes. Les fouilles ont mis au jour plus de trente ensembles de peintures, répartis dans différents quartiers de Délos, mais presque tous, du fait de leur fragilité, ont désormais disparu. Il en reste des dessins, aquarelles et photographies, ainsi que quelques exemplaires exposés au musée.

Dans le monde romain, les *Compitalia* étaient célébrées au début du mois de janvier en l'honneur des Lares Compitales (p. 17). C'était un jour chômé, occasion de réjouissances familiales durant lesquelles les esclaves étaient exceptionnelle-ment mis à l'honneur : ils participaient au sacrifice d'un porc et au banquet qui suivait. Des jeux, les *ludi compitalicii*, étaient organisés dans les rues, réunissant

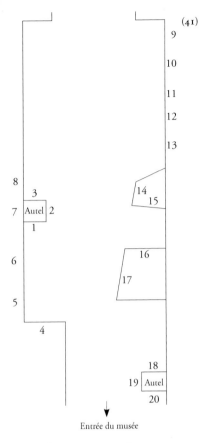

Entrée du musée

tous les habitants du voisinage. À Délos, cette fête était célébrée par les Italiens dans le cadre familial, sur des autels aménagés aux portes des maisons, mais aussi dans le cadre officiel de l'association des *Italici* : quoiqu'aucune source ne le confirme, il est vraisemblable que les Compétaliastes faisaient un sacrifice dans le sanctuaire des Lares et organisaient les *ludi* sur l'esplanade de l'Agora des Compétaliastes (p. 35). Il semble également que ce culte ait pu séduire des fidèles d'autres nationalités, ou bien être influencé par des rituels étrangers : sur certaines peintures, des dieux grecs se mêlent aux dieux italiens et des personnages sacrifient couronnés, à la grecque, au lieu de rabattre un pan de toge sur leur tête, à la romaine. C'est pourquoi la présence de peintures religieuses ne permet pas d'identifier de façon sûre une maison italienne.

Les exemplaires présentés au musée donnent une bonne idée de la disposition des peintures et des principaux thèmes représentés (41). Contre le mur ouest est adossé un autel quadrangulaire dont les trois faces sont peintes. La face médiane (n° 2) accueille, comme sur tous les autels, une scène de sacrifice, mal conservée mais similaire à celle de la maison des Tullii (37 et 42) où l'on reconnaît, de gauche à droite, un joueur de double aulos (sorte de hautbois), un petit personnage amenant un porc, un autel couvert d'un abri voûté et trois Italiens, la tête couverte d'un pan de leur toge, s'apprêtant à sacrifier l'animal. Une version légèrement différente figure sur l'autel adossé au mur est de la salle (n° 19) : le meneur du porc porte à l'autel un plateau avec trois fruits.

Sur les faces latérales des autels sont représentés les *ludi compitalicii*, qui consistaient en concours sportifs : en général sont figurés deux lutteurs, comme sur l'autel est (n°s 18 et 20), ou deux boxeurs, comme sur le panneau n° 10 (44). Sur la face droite de l'autel ouest (n° 3), de façon exceptionnelle, on assiste au combat de deux hommes armés de lances et de boucliers, qui évoquent, malgré

Les lieux de vie des Italiens : des sanctuaires de voisinage aux monuments ostentatoires

(42)

(43)

(44)

leur tête nue, des gladiateurs. Les prix offerts aux vainqueurs étaient des jambons, des amphores ou des palmes, souvent disposés auprès des lutteurs : on observera l'immense amphore à gauche du boxeur sur le panneau n° 6 (voir aussi 37, une amphore et un jambon au premier plan).

Contre le mur est de la salle, on a reconstitué l'entrée d'une maison située sur la colline au nord du port ⑪ : à gauche de la porte, une niche accueillait des offrandes ou servait à l'éclairage et à droite étaient accolés deux autels (non reproduits ici). De part et d'autre, les propriétaires avaient successivement fait réaliser neuf ensembles de peintures qui ont été déposées couche par couche et fixées sur les panneaux exposés sur les murs (n°s 5 à 17). Elles reprennent, avec quelques variantes, les thèmes communs à toutes les peintures : ainsi les Lares Compitales (n°s 7 et 8, voir p. 17 et 12), qui dansent un rhyton à la main, sont-ils peints au-dessus de l'autel car le sacrifice leur était destiné. Deux autres dieux sont présents : Mercure, protecteur de l'entrée, est figuré à droite de la porte marchant et tenant une bourse (n° 5, fragmentaire) et Héraclès, qui semble souvent présider aux *ludi*, apparaît sur quatre enduits successifs (n°s 13, 12, 11, 10, voir 44) avec sa massue et sa peau de lion. Mais les peintures les plus récentes de cet ensemble présentent plusieurs originalités qui donnent à penser que le culte aurait pu être repris par un nouveau propriétaire des lieux, moins familier des traditions italiennes. Ainsi, la scène de sacrifice (n° 16) ne se trouve pas sur l'autel mais sur le mur, les personnages n'y sont pas voilés mais couronnés, selon le rite grec, et un joueur de trompette remplace le joueur de double aulos (45). Là où les enduits précédents présentaient Héraclès et des scènes de combat, on observe désormais un cavalier sur un cheval au galop, suivi d'un coureur qui tient la queue de l'animal (n° 15) : il s'agit peut-être d'un concours hippique (46). Enfin, les deux autres panneaux représentent un homme escaladant un palmier (n° 14) et un petit personnage prenant un fruit dans une coupe de verre sur une table (n° 17, voir 43).

On observera, sur les différents enduits, de nombreux graffiti et quelques inscriptions peintes. Au-dessus des trois personnages couronnés (n° 16) figurent les premières lettres de leurs noms ou surnoms grecs (Théog[énès?], Hip[pias?], Iasôn) qui permettent de reconnaître des esclaves ou affranchis italiens, ou bien des Grecs ayant adopté un culte italien (45). Enfin, en bas à droite des enduits n°s 10 et 11 (44), un personnage burlesque à gros ventre désigné par son nom « Kalamodryas » doit probablement être identifié avec un athlète célèbre du début du Ier s. av. J.-C.

Après avoir regardé les peintures des Compitalia, *on pourra voir dans la salle suivante les bustes de la Maison des sceaux* (p. 26 et **21**) *et le pilier hermaïque imberbe de la Maison de l'Hermès* (p. 44) ; *dans la troisième salle est exposée la statue d'Ofellius* (p. 14 et **10**) *et, dans la quatrième, le pilier hermaïque archaïsant de la Maison de l'Hermès* (p. 42 et **40**). *À droite en sortant du musée, on peut faire un assez long détour par le quartier du Stade. Au bout du chemin qui part vers l'est, on visitera le gymnase* (**14**), *fréquenté par les Italiens* (p. 10-11 et **7**), *avant de rejoindre la maison des Tullii* (**15**) (p. 40). *De retour à l'angle nord-ouest de l'esplanade du musée, on prendra à gauche la Rue de l'Est pour voir le monument en l'honneur de C. Billienus* (**7**) (p. 18 et **13**) *et visiter la maison de Spurius Stertinius* (**6**) (p. 40 et **36**), *dont le vestibule se trouve derrière la seconde colonne du portique bordant les habitations, du côté gauche de la rue. Puis on ira visiter l'Agora des Italiens où l'on pénétrera par l'entrée est* (**8**).

L'« AGORA DES ITALIENS », LIEU DE RÉUNION ET D'OSTENTATION

Les archéologues ont à tort nommé « agora » l'immense édifice construit par les Italiens à une date contestée – vers 130 selon les uns et peu avant 100 av. J.-C. selon les autres – et qui ne fut sans doute jamais achevé (p. 2-3 et **47**). Si l'on en croit une inscription mutilée, les Anciens l'appelaient plutôt *Italikè pastas,* « le portique italien », et le flou de cette

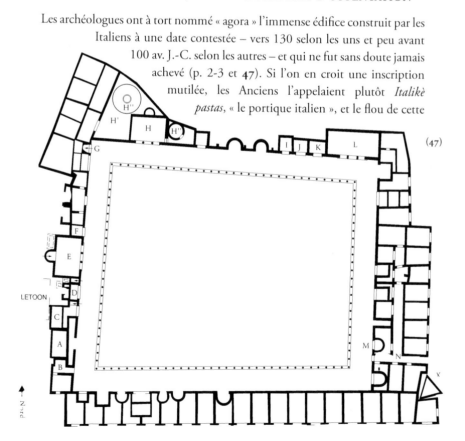

(47)

dénomination répond à son absence de spécificité architecturale. C'est pourquoi la fonction de l'Agora des Italiens a fait et fait encore l'objet de nombreux débats : on y a vu un lieu de réunion ou une palestre réservés aux seuls Italiens, un marché aux esclaves ou un jardin d'agrément ouverts à tous, ou encore un bâtiment multifonctionnel servant aux loisirs, au commerce et à l'hébergement temporaire de marchands et marchandises, italiens ou apparentés.

Ce qui est certain, c'est que le bâtiment fut un chantier de longue haleine, mené par et pour l'association des *Italici*. Une fois délimitée l'immense cour centrale trapézoïdale, sur un terrain qui fut probablement conquis grâce au remblaiement du lac, en plein centre-ville – nouvelle preuve de la faveur dont jouissait la communauté italienne auprès des Athéniens –, la construction des portiques à étage (48) fut répartie entre huit groupes de généreux donateurs dont les noms sont inscrits sur les blocs d'entablement, suivis de la dédicace « à Apollon et aux *Italici* ».

Au rez-de-chaussée, on observe sur les quatre côtés de la cour des portiques à colonnes doriques de marbre : celui du nord, qui se distingue par son stylobate de lave rouge, a été financé par le banquier Philostrate d'Ascalon (p. 13) et celui de l'ouest par Caius Ofellius (p. 14). À l'étage, ils étaient surmontés de galeries à piliers ioniques, fermées par des murs probablement percés de fenêtres : quatre groupes de donateurs, dont deux collèges de *magistri*, les ont offertes. On pourra observer de nombreux piliers d'étage et leurs chapiteaux rangés dans le portique sud ; quant aux blocs d'entablement inscrits du rez-dechaussée et de l'étage, ils sont alignés à l'intérieur des autres portiques.

Sous les portiques ouvrent diverses exèdres et niches : leur construction, leur équipement et leur décoration furent également confiés à des individus différents, et ce en plusieurs étapes dont la chronologie nous échappe partiellement. L'ensemble apparaît fort décousu : une

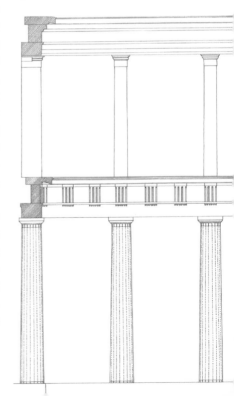

exèdre est placée au centre du portique ouest et deux autres sous le portique nord, sans symétrie aucune; des niches de dimensions variées, rectangulaires ou semi-circulaires, sont disposées çà et là, entre de longues portions de mur plein; celles du portique sud ont été construites aux dépens des boutiques qui s'adossent à l'Agora des Italiens, sur la rue méridionale. On a souvent cherché à restituer un projet initial mais les irrégularités du plan de l'édifice s'expliquent par le morcellement du financement : on dut procéder au coup par coup, pour répondre aux propositions de chaque postulant et tenter de satisfaire ses exigences en termes d'emplacement, de forme et de dimensions.

Les trois exèdres E, H et L, dont les larges baies étaient divisées par deux colonnes entre des piédroits ioniques, sont meublées de bancs de marbre qui portent parfois les noms gravés de leurs donateurs. Elles pouvaient accueillir de simples promeneurs, des réunions d'affaires ou des conférences. Celle du nord-est (L) a été édifiée par Philostrate d'Ascalon et contenait sans doute la statue que lui avaient érigée les *Italici* (p. 13). Celle du nord-ouest (H) servait de vestibule à des thermes (voir **52**), dont la présence indique que l'édifice était un lieu de loisir pour les Italiens résidents ou un lieu de séjour pour les négociants de passage. On accédait, à droite et à gauche du vestibule, à des pièces destinées à la sudation, au bain ou à la détente : la plus petite des deux salles circulaires et dallées de

terre-cuite (H″) est probablement le *laconicum*, étuve sèche financée par deux anciens Hermaïstes (**22** et p. 27). Enfin, l'exèdre de l'ouest (E, **49**) abritait, dans la niche centrale, la statue du proconsul romain C. Cluvius.

Les nombreuses niches, richement décorées, étaient destinées aux statues de personnages honorés par les *Italici* ou par des particuliers : plusieurs ont conservé en place leurs bases inscrites. Mentionnons notamment celle où se dressait l'effigie de marbre de Caius Ofellius (F, p. 14 et **10**), sur laquelle on lira la dédicace des Italiens (sur le couronnement) et la signature des deux sculpteurs athéniens, Dionysios fils de Timarchidès et Timarchidès fils de Polyclète (sur le corps de la base). La statue était encastrée dans la cuvette de marbre encore visible à la face supérieure. Une autre statue, découverte dans la niche J et désormais exposée au Musée national d'Athènes, représentait un Gaulois blessé (**50**), témoignant du goût des Italiens de Délos pour l'art de Pergame suite au legs par Attale III de son royaume à Rome.

Certaines niches, reconstruites après la fouille, sont ornées de mosaïques de plus ou moins belle qualité. Dans la niche K, le pavement représente une hydrie* de bronze posée sur un socle, une palme et d'autres objets non identifiés, encadrés par des bandes de méandres et de tresses formant un tapis. Le nom du donateur, Publius Satricanius fils de Publius, est inscrit en grec avec des tesselles noires sur

(49)

le fond blanc du tableau central (**51**). De même, on lit le nom de Lucius Orbius fils de Marcus, de la tribu romaine Horatia, sur la mosaïque de la niche D. La cour centrale n'était pas dallée et les sondages archéologiques et prospections géophysiques n'y ont révélé aucun vestige. Accueillait-elle un jardin arboré? Il n'existe aucun indice en ce sens. Une inscription, gravée sur le piédroit du vestibule des thermes (H, **52**), donne à penser que l'immense espace en terre battue pouvait avoir un autre usage : cette dédicace latine, lacunaire, émane d'un collège de douze *magistri* (Hermaïstes, Apolloniastes et Poséidoniastes) qui commémorent la construction d'une partie de l'édifice et la célébration, à leurs frais, de *ludi*. Il ne s'agit évidemment pas ici des *ludi compitalicii* car leur organisation était confiée aux Compétaliastes, collège d'esclaves et d'affranchis dont on ne trouve aucune trace à l'Agora des Italiens. Les *ludi*, à Rome, étaient des jeux publics, spectacles théâtraux, concours sportifs ou courses de chars, organisés dans le cadre des fêtes religieuses ou offerts au peuple par des magistrats. L'immense cour de l'Agora des Italiens a pu se prêter à des spectacles financés par les *magistri* de Mercure, Apollon et Neptune, sans qu'il soit possible de déterminer la nature de ces *ludi*. Il n'est pas non plus impossible qu'y aient eu lieu des combats de gladiateurs (*munera*) : une plaque trouvée ailleurs à Délos porte le dessin incisé d'un gladiateur et une inscription rappelant les victoires d'un certain Marcus Caecilius Epagathos.

L'Agora des Italiens disposait de trois accès : deux vestibules, aux angles sud-ouest et sud-est (B et N), et un propylée (A), entrée monu-mentale à quatre colonnes doriques qui fut ajoutée dans un second temps et dont l'articulation avec l'édifice reste mystérieuse. À l'extérieur, on verra le long de la rue une vingtaine de boutiques adossées au portique méridional : bien qu'aucun texte ne précise leur usage, il est probable qu'elles étaient louées par les *Italici* à des marchands ou artisans afin de rapporter des revenus réguliers à l'association.

Au terme de ce parcours dans les lieux de vie des Italiens, il convient de souligner le caractère emblématique de l'Agora des Italiens. Quelles qu'aient été ses fonctions – et tout porte à croire qu'elles étaient multiples et associaient loisirs,

ΟΠΛΙΟΣ
ΠΙΚΑΝΙΟΣ ΠΟΠΛΙΟΥ
ΥΙΟΣ

affaires et hospitalité –, elle constituait avant tout un symbole de la puissance des *Italici* à Délos. En répartissant entre ses membres la construction de portiques, d'exèdres et de thermes, en leur permettant d'ériger des statues de personnages éminents dans un cadre somptueux, en affichant leurs noms partout sur la pierre, l'association des *Italici* leur a offert une véritable vitrine où ils étalaient leur réussite, leur richesse et leur influence. Il est évident, dans ces conditions, que l'Agora des Italiens était ouverte à tous : quel intérêt auraient eu les Italiens à se réserver les bénéfices de leurs efforts ostentatoires ? L'édifice n'était pas un bâtiment associatif fermé comme l'Établissement des Poséidoniastes de Bérytos, et c'est pourquoi on n'y a trouvé ni documents administratifs ni sanctuaires : le siège de l'association doit être cherché ailleurs. C'était simplement un vaste lieu d'ostentation où les Athéniens et étrangers résidant dans l'île, tout comme les magistrats athéniens et romains de passage, étaient accueillis avec faste et qui, dans une ville engorgée par une population pléthorique et un négoce omniprésent, pouvait certainement répondre à de multiples besoins.

En retournant vers le môle, on pourra s'arrêter sur l'Agora de Théophrastos (9) *pour voir la base de statue de Théophrastos (p. 19 et **14**), le* Poseideion *et son autel* (10) *(p. 17) ainsi que la base de la statue d'Héraclès dédiée par les Hermaïstes, Apolloniastes et Poséidoniastes (**11** et* encart 3*). Il est également possible de faire un détour pour aller visiter l'Établissement des Poséidoniastes de Bérytos* (12) *(p. 13-14 et **9**).*

Conclusion

Aussi prospères fussent-ils, les Italiens de Délos étaient soumis aux fluctuations des réseaux économiques et il semble que dès le début du Ier s. av. J.-C., la place de Délos dans les échanges entre l'Orient et l'Italie ait commencé à décliner au profit du port italien de Pouzzoles. Mais l'île fut surtout victime de deux catastrophes successives, bien attestées par les sources littéraires et archéologiques. Lors de la guerre qui opposa Rome au roi du Pont Mithridate Eupatôr, Délos se sépara d'Athènes et refusa, sous l'influence des Italiens, de prendre le parti de Mithridate : à l'automne 88 av. J.-C., celui-ci prit et pilla Délos, tua 20 000 hommes, en majorité des Italiens selon Appien, et emmena les femmes et les enfants en esclavage. Vingt ans plus tard, en 69 av. J.-C., les troupes du pirate Athénodôros, à la solde de Mithridate, saccagèrent à nouveau l'île : c'est alors que le légat romain Caius Triarius fit construire un rempart enserrant une partie de la ville.

Quoique leur ampleur ait manifestement été exagérée par les historiens anciens, de nombreuses traces subsistent de ces deux catastrophes. En 88, les édifices italiens subirent des déprédations nombreuses et volontaires : la statue du magistrat romain C. Billienus (13) fut mutilée, ainsi que de nombreux monuments honorifiques de l'Agora des Italiens, qui portent encore la signature « Aristandros de Paros l'a réparé ». C'est peut-être aussi à cette occasion que le relief de l'autel des Lares (29) fut martelé sur l'Agora des Compétaliastes. Quant à la Maison des sceaux (p. 26), elle fut probablement incendiée en 69 après que les deux bustes de ses propriétaires eurent été endommagés (21) ; elle ne fut jamais reconstruite, ce qui signifie probablement que ses habitants avaient quitté l'île ou y avaient péri.

La suite de cette histoire est mal connue : soucieux de réparer les dégâts et de relancer leurs activités, les Italiens reçurent la visite et l'aide du proconsul Sylla peu après la catastrophe de 88 ; mais ils abandonnèrent largement l'île après 69, car le profit qu'ils y trouvaient n'était plus à la hauteur des investissements nécessaires pour se relever une seconde fois. En effet, la victoire de Pompée contre les pirates en 67 et la création de provinces romaines dans les régions pourvoyeuses d'esclaves (en particulier la Syrie en 64) tarirent les sources d'approvisionnement du marché délien. On trouve encore quelques traces d'une présence italienne jusqu'au milieu du Iᵉʳ s. av. J.-C., avec notamment une inscription des Hermaïstes rappelant la dédicace d'un temple et de statues à Hermès en 57/6. Mais les rares monuments honorifiques conservés émanent ensuite des Athéniens et des autres habitants de l'île, sans mentionner spécifiquement les Italiens. Où étaient donc passées les pléthoriques *gentes* des Paconii, des Tullii ou des Aemilii ? Si certaines, originaires des riches cités commerçantes de la péninsule, regagnèrent sans doute leur patrie, d'autres partirent développer leurs activités dans des ports égéens plus animés : dès la fin du Iᵉʳ s., on retrouve les gentilices des Italiens de Délos en Macédoine, dans le Péloponnèse et en Asie Mineure. Délos resta, tout au long de l'époque romaine, un lieu de pèlerinage réputé sous le contrôle d'Athènes mais la prospérité du port cosmopolite qui avait tant attiré les Italiens n'était plus qu'un lointain souvenir.

Lexique

Affranchi : ancien esclave libéré par son maître, désormais son « patron », envers qui il conserve certains devoirs.

Agora : place publique où se faisait le commerce de détail, sous le contrôle de magistrats appelés agoranomes.

Architrave : dans un temple ou un portique, bloc de l'entablement reposant directement sur les colonnes.

Bucrane : tête de bœuf sculptée ornant des autels ou des frises architecturales.

Cénotaphe : monument funéraire vide, commémorant un défunt dont le corps n'a pas été retrouvé.

Collège (latin *collegium*) : groupe de personnes assumant ensemble une même fonction officielle. Dans le monde romain, les responsabilités politiques et administratives étaient souvent collégiales.

Consuls : magistrats suprêmes de l'État romain, exerçant un pouvoir civil et militaire. Élus pour un an, les deux consuls donnaient leur nom à l'année.

Crépis : escalier à deux ou trois degrés donnant accès à un temple, un portique, etc.

Dédicace : inscription gravée sur une offrande et indiquant le nom du donateur, sa fonction éventuelle, le destinataire, la nature de l'offrande, la date, etc. Les **dédicaces votives** (ou religieuses) s'adressent à des divinités tandis que les **dédicaces honorifiques** rendent hommage à un individu, dont on érige en général la statue.

Dioscures : nom donné aux dieux jumeaux Castor et Pollux, protecteurs de la navigation.

Emporion : zone du port réservée au commerce de gros (international), sous la surveillance du magistrat appelé épimélète de l'*emporion*.

Entablement : dans un temple ou un portique, ensemble de blocs situé entre les colonnes et le toit (ou le portique d'étage).

Éphébie : formation physique et intellectuelle dispensée par la cité aux jeunes hommes de 18 à 20 ans (**éphèbes**) dans le cadre du gymnase.

Épimélète de l'île : à partir de 167 av. J.-C., c'est le principal magistrat athénien de Délos, chargé de l'exécution des décisions de l'assemblée, des affaires religieuses, financières, etc. Élu pour un an, il est éponyme, c'est-à-dire que la mention de son nom dans les inscriptions tient lieu de datation.

Épitaphe : inscription gravée sur un monument funéraire.

Ethnique : adjectif accolé au nom d'un personnage et indiquant sa cité d'origine.

Évergète : bienfaiteur mettant sa fortune au service d'une communauté (cité, association, etc.) et honoré pour ses actes d'**évergétisme** (financement de monuments, de fêtes, etc.).

Exèdre : pièce ouvrant par une large baie sous un portique ; souvent meublée de bancs de marbre, elle servait de lieu de réunion, d'enseignement ou de loisir.

Gens*, plur. *gentes : dans le monde romain, famille, lignée dont les membres portent le même gentilice.

Gentilice : nom de famille commun à tous les membres d'une *gens*.

Hydrie : vase à trois anses destiné au transport de l'eau.

Inscription : texte gravé sur un support durable, le plus souvent la pierre, parfois le métal. Les inscriptions déliennes sont rédigées en grec ancien ou parfois en latin.

Koinon : mot grec désignant une association.

Laconicum : dans les thermes romains, salle circulaire où l'on transpirait dans une atmosphère chaude et sèche.

Libation : rite consistant en l'offrande d'une boisson à une divinité, en versant sur l'autel un mélange de vin, de lait, d'huile ou de miel.

Ludi : dans le monde romain, jeux publics organisés dans le cadre des fêtes religieuses ou offerts au peuple par des magistrats.

Magister, plur. magistri, magistres ou magistreis : titre donné dans le monde romain aux représentants d'associations, qui exerçaient leurs fonctions collégialement. À Délos, les *magistri* de Mercure sont appelés en grec Hermaïstes, ceux de Neptune, Poséidoniastes, ceux d'Apollon, Apolloniastes et ceux des Lares Compitales, Compétaliastes.

Naïskos : petit temple.

Nauclère : propriétaire de navire marchand.

Niche : dans un portique, petite salle inaccessible au public et abritant une statue.

Offrande : objet ou monument dédié à une divinité.

Pastophorion : dans les sanctuaires égyptiens, salle destinée à loger les prêtres et éventuellement les fidèles.

Pécule : somme d'argent mise de côté par un esclave pour racheter sa liberté à son maître.

Péristyle campanien : portiques entourant une cour, caractérisés par la surélévation des colonnes (ou piliers) sur des murets.

Pilier hermaïque : monument sculpté en forme de pilier surmonté d'un buste d'Hermès et muni, à la face antérieure, d'un sexe masculin : érigé dans la rue, sur l'agora ou parfois dans un édifice privé, il avait un caractère sacré et protégeait les lieux.

Proconsul : ancien consul, devenu gouverneur d'une province romaine.

Prostyle : (temple) qui n'a de colonnes qu'en façade, dressées en avant des têtes des murs (antes).

Rhyton : vase en forme de corne, utilisé pour boire du vin ou faire une libation*.

Sanctuaire : espace sacré, délimité par un mur ou des bornes, voué au culte d'une divinité.

Sceau : cachet sur lequel sont gravés en creux une image et parfois un nom. Les signataires d'un contrat sur papyrus apposaient leur sceau sur une pastille d'argile crue pour en garantir l'authenticité. Lors de l'incendie de la Maison des sceaux à Délos, les papyrus ont brûlé et les pastilles d'argile ont cuit, ce qui a permis leur conservation.

Sekoma : table de mesure en pierre qui servait à la vente de l'huile, du vin ou des céréales.

Souscription : mode de financement consistant à solliciter un grand nombre de personnes pour la construction d'un édifice ou toute autre entreprise coûteuse ; la **liste des souscripteurs** et les montants versés sont gravés sur une stèle destinée à commémorer leur générosité.

Tablette de défixion : plaque inscrite de cuivre ou de plomb, sur laquelle on gravait une malédiction ou un envoûtement avant de la jeter dans un puits ou une tombe, à destination des dieux infernaux.

Tholos monoptère : édifice circulaire à colonnade libre (sans pièce centrale) abritant généralement une statue.

Les Italiens à Délos

Pour aller plus loin

Ph. Bruneau et al. (éd.), *Délos : île sacrée et ville cosmopolite* (1996).

Ph. Bruneau, J. Ducat, *Guide de Délos*, 4ᵉ éd. (2005).

M.-Th. Couilloud, *Les monuments funéraires de Rhénée*, EAD XXX (1974).

J. Delorme, « La Maison dite de l'Hermès à Délos : étude architecturale », *BCH* 77 (1953), p. 444-496.

P. Ernst, *Recherches sur les pratiques culturelles des Italiens à Délos aux IIᵉ et Iᵉʳ siècles a.C.* (2019).

Cl. Hasenohr, « Les *Compitalia* à Délos », *BCH* 127.1 (2003), p. 167-249.

Cl. Hasenohr, « Italiens et Phéniciens à Délos : organisation et relations de deux groupes d'étrangers résidents (IIᵉ-Iᵉʳ siècles av. J.-C.) », dans R. Compatangelo-Soussignan, Chr.-G. Schwentzel (éd.), *Étrangers dans la cité romaine : actes du colloque de Valenciennes* (2006), p. 77-90.

Cl. Hasenohr, « Les Italiens de Délos : entre romanité et hellénisme », dans J.-M. Luce (éd.), *Les identités ethniques dans le monde grec : actes du colloque de Toulouse (9-11 mars 2006)*, *Pallas* 73 (2007), p. 221-232.

P. Karvonis, « Les installations commerciales dans la ville de Délos à l'époque hellénistique », *BCH* 132.1 (2008), p. 153-219.

Chr. Le Roy, « Encore l'Agora des Italiens à Délos », dans M.-M. Mactoux, É. Gény (éd.), *Mélanges Pierre Lévêque* 7 (1993), p. 183-208.

J. Marcadé (éd.), *Sculptures déliennes* (1996).

Chr. Müller, Cl. Hasenohr (éd.), *Les Italiens dans le monde grec* (2002).

Cl. Nicolet, *Rome et la conquête du monde méditerranéen : 264-27 av. J.-C.* (1978-1979).

P. Roussel, *Délos, colonie athénienne*, 2ᵉ éd. (1987).

M. Trümper, « Where the Non-Delians met in Delos: The Meeting-Places of Foreign Associations and Ethnic Communities in Late Hellenistic Delos », dans O. van Nijf, R. Alston (éd.), *Political Culture in the Greek City after the Classical Age* (2011), p. 49-100.

Textes cités

Légendes des figures

24. Le naïskos ionique des Hermaïstes (cliché Cl. Hasenohr).

25. Restitution du naïskos ionique des Hermaïstes (dessin G. Poulsen).

26. Le tronc à offrandes du naïskos ionique (d'après J. Hatzfeld, « Les Italiens résidant à Délos », *BCH* 36, 1912, p. 201).

27. La tholos des Compétaliastes et son péribole (cliché Cl. Hasenohr).

28. Restitution de la tholos des Compétaliastes et de son péribole (modélisation 3D et crédits : F. F. Müller, Fl. Comte, Ausonius UMR 5607 - Labex LaScArBx ANR-10-Labex-52).

29. L'autel des Lares Compitales (cliché Cl. Hasenohr).

30. Entablement du naïskos dorique des Hermaïstes (cliché Cl. Hasenohr).

31. Élévation restituée de la partie haute du naïskos dorique des Hermaïstes (dessin B. Sagnier).

32. L'autel d'Héraclès (cliché Cl. Hasenohr).

33. Restitution de l'Agora des Compétaliastes vue du sud (modélisation 3D : Fl. Comte, Ausonius UMR 5607 - Labex LaScArBx ANR-10-Labex-52).

34. Plan des magasins du front de mer (d'après J.-Ch. Moretti [éd.], *Atlas*, 2015, pl. 27).

35. Le Magasin γ (cliché Cl. Hasenohr).

36. Niche dans la maison de Spurius Stertinius (cliché Cl. Hasenohr).

37. Autel, banc et peintures religieuses italiennes à l'entrée de la maison IC du quartier du Stade (cliché Ch. Avezou).

38. La Maison de l'Hermès (cliché Cl. Hasenohr).

39. Restitution de la cour de la Maison de l'Hermès (dessin Y. Fomine).

40. Tête d'Hermès archaïsant de la Maison de l'Hermès (cliché Ph. Collet).

41. Plan de situation des peintures religieuses italiennes au musée.

42. Scène de sacrifice peinte sur l'autel extérieur de la maison IC du quartier du Stade (aquarelle M. Bulard).

43. Personnage prenant un fruit dans une coupe de verre (enduit nᵒ 17, cliché Cl. Hasenohr).

44. Héraclès présidant à un combat de boxe des *ludi compitalicii* (enduit nᵒ 10, cliché Cl. Hasenohr).

45. Scène de sacrifice et joueur de trompette (enduit nᵒ 16, cliché Cl. Hasenohr).

46. Concours hippique ? (enduit nᵒ 15, cliché Cl. Hasenohr).

47. Plan restitué de l'Agora des Italiens (d'après *Guide de Délos*, p. 221, fig. 59).

48. Restitution des portiques de l'Agora des Italiens (d'après *Guide de Délos*, p. 222, fig. 60).

49. Élévation de l'exèdre ouest (E) de l'Agora des Italiens (d'après É. Lapalus, *EAD* XIX, 1939, fig. 37).

50. Statue du Gaulois blessé de l'Agora des Italiens (Musée national archéologique d'Athènes, cliché Ph. Collet).

51. La mosaïque de Publius Satricanius (aquarelle M. Bulard).

52. La cour de l'Agora des Italiens, vue depuis le vestibule des thermes (cliché J.-Ch. Moretti).

53. L'Agora des Compétaliastes vue de l'est (cliché Cl. Hasenohr).

Crédits iconographiques : EFA, sauf mention contraire.

Sommaire

Achevé d'imprimer
en septembre 2021
par n.v. PEETERS s.a.
ISBN : 978-2-86958-525-6
Dépôt légal : 4ᵉ trimestre 2021

Illustration de couverture : peinture religieuse du Magasin à la baignoire : Lare et combat de boxe des *ludi compitalicii* (aquarelle G. Simöes Da Fonseca, d'après M. Bulard, *Peintures murales et mosaïques de Délos* [1908], pl. IV).

Directrice : Véronique Chankowski – Responsable des publications : Bertrand Grandsagne – Suivi éditorial : EFA, Pauline Gibert-Massoni puis Iris Granet-Cornée – Conception graphique, prépresse : EFA, Guillaume Fuchs